Le GIGAGENDA

POUR UNE ANNÉE QUI VA TOUT DÉCHIRER !

2025

PAR LAVILLETLESNUAGES

W/.

CET AGENDA
APPARTIENT À

....

(une pure star)

2025

JANVIER

L	M	M	J	V	S	D
		1	2	3	4	5
6	7	8	9	10	11	12
13	14	15	16	17	18	19
20	21	22	23	24	25	26
27	28	29	30	31		

FÉVRIER

L	M	M	J	V	S	D
					1	2
3	4	5	6	7	8	9
10	11	12	13	14	15	16
17	18	19	20	21	22	23
24	25	26	27	28		

MARS

L	M	M	J	V	S	D
					1	2
3	4	5	6	7	8	9
10	11	12	13	14	15	16
17	18	19	20	21	22	23
24	25	26	27	28	29	30
31						

AVRIL

L	M	M	J	V	S	D
	1	2	3	4	5	6
7	8	9	10	11	12	13
14	15	16	17	18	19	20
21	22	23	24	25	26	27
28	29	30				

MAI

L	M	M	J	V	S	D
			1	2	3	4
5	6	7	8	9	10	11
12	13	14	15	16	17	18
19	20	21	22	23	24	25
26	27	28	29	30	31	

JUIN

L	M	M	J	V	S	D
						1
2	3	4	5	6	7	8
9	10	11	12	13	14	15
16	17	18	19	20	21	22
23	24	25	26	27	28	29
30						

2025

JUILLET

L	M	M	J	V	S	D
	1	2	3	4	5	6
7	8	9	10	11	12	13
14	15	16	17	18	19	20
21	22	23	24	25	26	27
28	29	30	31			

AOÛT

L	M	M	J	V	S	D
				1	2	3
4	5	6	7	8	9	10
11	12	13	14	15	16	17
18	19	20	21	22	23	24
25	26	27	28	29	30	31

SEPTEMBRE

L	M	M	J	V	S	D
1	2	3	4	5	6	7
8	9	10	11	12	13	14
15	16	17	18	19	20	21
22	23	24	25	26	27	28
29	30					

OCTOBRE

L	M	M	J	V	S	D
		1	2	3	4	5
6	7	8	9	10	11	12
13	14	15	16	17	18	19
20	21	22	23	24	25	26
27	28	29	30	31		

NOVEMBRE

L	M	M	J	V	S	D
					1	2
3	4	5	6	7	8	9
10	11	12	13	14	15	16
17	18	19	20	21	22	23
24	25	26	27	28	29	30

DÉCEMBRE

L	M	M	J	V	S	D
1	2	3	4	5	6	7
8	9	10	11	12	13	14
15	16	17	18	19	20	21
22	23	24	25	26	27	28
29	30	31				

Premier quartier

Pleine lune

Dernier quartier

Nouvelle lune

THE VACANCES 2025

	A	B	C
Vacances de Noël 2024	Du samedi 21 décembre 2024 au lundi 6 janvier 2025		
Vacances d'hiver	Du 22 février 2025 au 10 mars 2025	Du 8 février 2025 au 24 février 2025	Du 15 février 2025 au 3 mars 2025
Vacances de printemps	Du 19 avril 2025 au 5 mai 2025	Du 5 avril 2025 au 22 avril 2025	Du 12 avril 2025 au 28 avril 2025
Pont de l'Ascension	Du jeudi 29 mai 2025 au lundi 2 juin 2025		
Vacances d'été	Samedi 5 juillet 2025		
Rentrée des élèves	Lundi 1er septembre 2025		
Vacances de la Toussaint	Du samedi 18 octobre 2025 au lundi 3 novembre 2025		
Vacances de Noël 2025	Du samedi 20 décembre 2025 au lundi 5 janvier 2026		

THE JOURS FÉRIÉS

Let's go les petits week-ends entre copines !

Jour de l'an : Mercredi 1er janvier 2025

Lundi de Pâques : Lundi 21 avril 2025

Fête du Travail : Jeudi 1er mai 2025

Victoire 1945 : Jeudi 8 mai 2025

Jeudi de l'Ascension : Jeudi 29 mai 2025

Lundi de Pentecôte : Lundi 9 juin 2025

Fête nationale : Lundi 14 juillet 2025

Assomption : Vendredi 15 août 2025

Toussaint : Samedi 1er novembre 2025

Armistice : Mardi 11 novembre 2025

Noël : Jeudi 25 décembre 2025

L'AUTOPORTRAIT AUTOCOLLANT

Ton état d'esprit cette année :

Ce qui te représente :

Ce que tu aimes le plus :

Team chat ou chien ?

Ton plat réconfortant :

Tu ne peux pas vivre sans :

Ce que tu veux en plus cette année :

Ce qui te fait sourire à chaque fois :

Janvier

Les trucs giga importants ce mois-ci :

SAMEDI	DIMANCHE	LUNDI
28	29	30
4	5	6
11	12	13
18	19	20
25	26	27

MARDI	MERCREDI	JEUDI	VENDREDI
31	1er	2	3
7	8	9	10
14	15	16	17
21	22	23	24
28	29	30	31

PLAYLIST POUR LES JOURNÉES GLACÉES

Sleepyhead, de PASSION PIT · Amour, de JEAN-MICHEL BLAIS · Les Eaux de mars, de STACEY KENT · Dawn Chorus, de THOM YORKE · Maybe on the Moon, de AaRON

1 JANVIER

Mercredi 1er janvier

Férié

JOUR DE L'AN !

VERY IMPORTANT NOTES

JANVIER

Jeudi 2 janvier

Vendredi 3 janvier

Samedi 4 janvier

Dimanche 5 janvier

FIN DES
VACANCES DE NOËL

2

JANVIER

Lundi 6 janvier

ÉPHIPANIE – GALETTE DES ROIS TIME !

Mardi 7 janvier

Mercredi 8 janvier

VERY IMPORTANT NOTES

JANVIER

Jeudi 9 janvier

Vendredi 10 janvier

Samedi 11 janvier

Dimanche 12 janvier

3

JANVIER

Lundi 13 janvier

Mardi 14 janvier

Mercredi 15 janvier

VERY IMPORTANT NOTES

JANVIER

Jeudi 16 janvier

Vendredi 17 janvier

Samedi 18 janvier

Dimanche 19 janvier

JANVIER

Lundi 20 janvier

Mardi 21 janvier

Mercredi 22 janvier

VERY IMPORTANT NOTES

JANVIER

Jeudi 23 janvier

Vendredi 24 janvier

Samedi 25 janvier

Dimanche 26 janvier

5

JANVIER

Lundi 27 janvier

Mardi 28 janvier

Mercredi 29 janvier

VERY IMPORTANT NOTES

JANVIER

Jeudi 30 janvier

Vendredi 31 janvier

Février

Les trucs giga importants ce mois-ci :

SAMEDI	DIMANCHE	LUNDI
1er	2	3
8	9	10
15	16	17
22	23	24
1er	2	3

MARDI	MERCREDI	JEUDI	VENDREDI
4	5	6	7
11	12	13	14
18	19	20	21
25	26	27	28
4	5	6	7

PLAYLIST POUR RESTER SOUS LA COUETTE

Ain't no Sunshine, de BILL WITHERS · *Paris-Seychelles*, de JULIEN DORÉ · *Love me, Please Love me*, de MICHEL POLNAREFF · *Come Away With me*, de NORAH JONES

5

FÉVRIER

On est à la frontière entre l'hiver et le printemps : tiens bon.

Samedi 1er février

Dimanche 2 février

Crêpes time !

CHANDELEUR

6

FÉVRIER

Lundi 3 février

Mardi 4 février

Mercredi 5 février

VERY IMPORTANT NOTES

FÉVRIER

Jeudi 6 février

Vendredi 7 février

Samedi 8 février

VACANCES D'HIVER ZONE B

Dimanche 9 février

7

FÉVRiER

Lundi 10 février

Mardi 11 février

Mercredi 12 février

VERY IMPORTANT NOTES

FÉVRIER

Jeudi 13 février

Vendredi 14 février

SAINT-VALENTIN

Samedi 15 février

VACANCES D'HIVER ZONE C

Dimanche 16 février

8

FÉVRIER

Lundi 17 février

Mardi 18 février

Mercredi 19 février

VERY IMPORTANT NOTES

FÉVRIER

Jeudi 20 février

Vendredi 21 février

Samedi 22 février

VACANCES D'HIVER ZONE A

Dimanche 23 février

9

FÉVRIER

Lundi 24 février

RENTRÉE ZONE B

Mardi 25 février

Mercredi 26 février

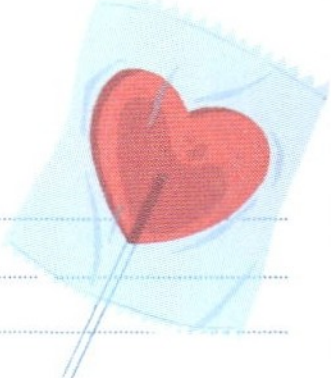

VERY IMPORTANT NOTES

FÉVRIER

Jeudi 27 février

Vendredi 28 février

Offre-toi
un joli
bouquet de
mimosa

Mars

Les trucs giga importants ce mois-ci :

SAMEDI	DIMANCHE	LUNDI
1er	2	3
8	9	10
15	16	17
22	23	24
29	30	31

MARDI	MERCREDI	JEUDI	VENDREDI
4	5	6	7
11	12	13	14
18	19	20	21
25	26	27	28
1er	2	3	4

PLAYLIST POUR ALLER CUEILLIR DES FLEURS

Spring, de MAX RICHTER · *Space Song*, de BEACH HOUSE · *For the First Time*, de MAC DEMARCO · *Deceptacon*, de LE TIGRE · *Dancing on Glass*, de ST. LUCIA

Laisse-toi fleurir !

MARS

Samedi 1er mars

Dimanche 2 mars

10

MARS

Lundi 3 mars

RENTRÉE ZONE C

Mardi 4 mars

MARDI GRAS

Mercredi 5 mars

VERY IMPORTANT NOTES

MARS

Jeudi 6 mars

Vendredi 7 mars

Samedi 8 mars

JOURNÉE INTERNATIONALE
DES DROITS DES FEMMES

Dimanche 9 mars

11

MARS

Lundi 10 mars

RENTRÉE ZONE A

Mardi 11 mars

Mercredi 12 mars

VERY IMPORTANT NOTES

MARS

Jeudi 13 mars

Vendredi 14 mars

Samedi 15 mars

Dimanche 16 mars

12

MARS

Lundi 17 mars

Mardi 18 mars

Mercredi 19 mars

VERY IMPORTANT NOTES

MARS

Jeudi 20 mars

C'EST LE PRINTEMPS, OUIIIII !

Vendredi 21 mars

Samedi 22 mars

Dimanche 23 mars

13

MARS

Lundi 24 mars

Mardi 25 mars

Mercredi 26 mars

VERY IMPORTANT NOTES

MARS

Jeudi 27 mars

Vendredi 28 mars

SAmedi 29 mars

DimaNche 30 mars

ON CHANGE D'HEURE !

Lundi 31 mars

There's a face,
a baby crying,
who'll greet
every new day
that come,
like the first of
Spring.

Spring, de Tracy Chapman

LA FÊTE DES FLEURS

F	T	Z	D	K	Z	V	R	U	E	K	M	X	C	C
E	V	G	I	R	S	K	O	P	U	E	U	C	B	R
J	C	O	T	U	E	S	S	I	C	R	A	N	U	B
T	Z	V	L	Q	B	I	E	S	M	Q	C	M	J	H
O	J	M	I	M	O	S	A	X	S	X	N	Z	H	V
F	J	V	Y	C	L	E	P	I	L	U	T	L	W	H
A	C	L	E	L	U	N	A	P	M	A	C	W	I	J
O	L	C	R	G	E	L	L	I	U	Q	N	O	J	A
J	M	B	Q	B	K	T	B	C	T	O	L	X	I	F
G	T	Q	Y	A	P	J	K	E	E	S	I	E	I	A
Z	O	A	N	E	M	O	N	E	J	O	L	R	W	I
Y	G	V	X	U	B	C	P	Y	J	I	A	E	T	V
E	N	H	P	A	D	A	L	Z	E	Q	S	V	I	E
I	Z	P	E	R	V	E	N	C	H	E	H	E	X	N
Q	S	M	D	P	T	M	I	G	Q	L	G	M	J	I
Y	U	M	A	G	N	O	L	I	A	D	B	I	V	O
K	C	K	A	O	X	W	M	X	K	O	Q	R	M	V
T	O	C	I	L	E	U	Q	O	C	X	W	P	M	I
D	R	A	F	S	B	B	D	K	W	H	E	E	V	P
M	C	O	L	N	S	W	Q	H	C	D	V	A	P	T

ANÉMONE
COQUELICOT
CROCUS
DAPHNÉ

JONQUILLE
LILAS
MAGNOLIA
MIMOSA
NARCISSE

PERVENCHE
PIVOINE
PRIMEVÈRE
ROSE
TULIPE

Avril
AVR

Les trucs giga importants ce mois-ci :

SAMEDI	DIMANCHE	LUNDI
29	30	31
5	6	7
12	13	14
19	20	21
26	27	28

MARDI	MERCREDI	JEUDI	VENDREDI
1er	2	3	4
8	9	10	11
15	16	17	18
22	23	24	25
29	30	1er	2

PLAYLIST POUR SAUTER PARTOUT

Mamma Mia, de ABBA · Ça plane pour moi, de PLASTIC BERTRAND · Boris, Soirée disco, de PHILIPPE DHONDT · Omowi, de ALOÏSE SAUVAGE · Walk of Life, de DIRE STRAITS

AVRIL

Mardi 1er avril

Mercredi 2 avril

VERY IMPORTANT NOTES

AVRIL

Jeudi 3 avril

Vendredi 4 avril

SAmedi 5 avril

VACANCES DE
PRINTEMPS ZONE C

DimaNcHe 6 avril

15

AVRIL

Lundi 7 avril

Mardi 8 avril

Mercredi 9 avril

VERY IMPORTANT NOTES

AVRIL

Jeudi 10 avril

Vendredi 11 avril

Samedi 12 avril

VACANCES DE
PRINTEMPS ZONE B

Dimanche 13 avril

AVRIL

Lundi 14 avril

Mardi 15 avril

Mercredi 16 avril

VERY IMPORTANT NOTES

AVRIL

Jeudi 17 avril

Vendredi 18 avril

Samedi 19 avril

VACANCES DE PRINTEMPS ZONE A

Dimanche 20 avril

DIMANCHE DE PÂQUES

AVRIL

Lundi 21 avril

Férié

LUNDI DE PÂQUES–RENTRÉE ZONE B

Mardi 22 avril

Mercredi 23 avril

VERY IMPORTANT NOTES

AVRIL

Jeudi 24 avril

Vendredi 25 avril

Samedi 26 avril

Dimanche 27 avril

AVRIL

Lundi 28 avril

RENTRÉE ZONE C

Mardi 29 avril

Mercredi 30 avril

VERY IMPORTANT NOTES

mai
MAI

Les trucs giga importants ce mois-ci :

SAMEDI	DIMANCHE	LUNDI
26	27	28
3	4	5
10	11	12
17	18	19
24	25	26
31	1er	2

MARDI	MERCREDI	JEUDI	VENDREDI
29	30	1er	2
6	7	8	9
13	14	15	16
20	21	22	23
27	28	29	30

PLAYLIST POUR FAIRE CE QU'IL TE PLAÎT

Mai, de VIDEOCLUB · *Voici le mois de may*, de NANA MOUSKOURI* · *Candy*, de ROBBIE WILLIAMS · *J-Boy*, de PHOENIX · *Breaker*, de DEERHUNTER · *Rain*, de MIKA

*Dédicace à mes grands-parents

18

LE JOLI MOIS DE MAI

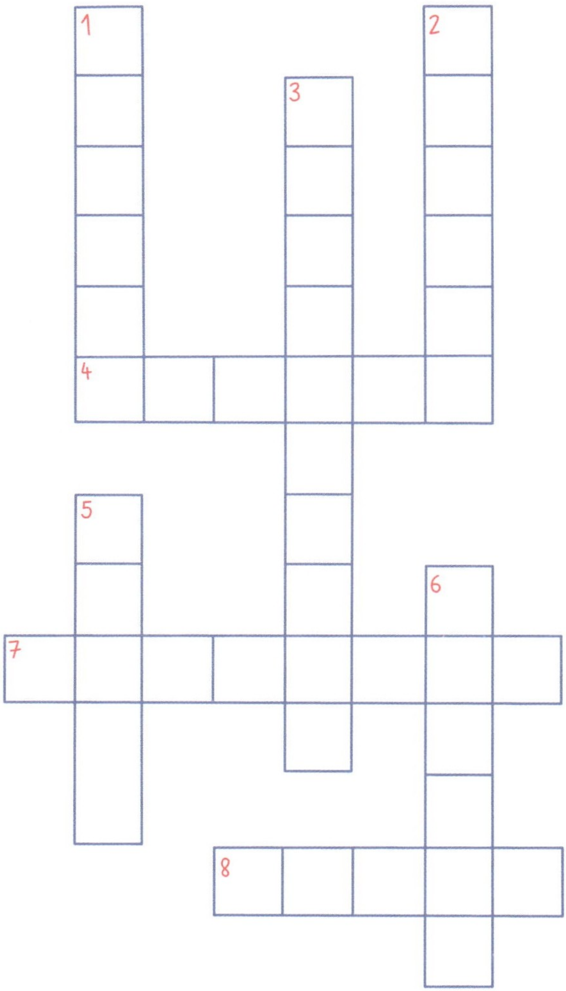

1. Petite grappe de clochettes odorantes.

2. Le sommeil de l'après-midi.

3. Bête à Bon Dieu.

4. Plante à longue tige couronnée d'une belle fleur pointue.

5. Couleur de la paix.

6. Astre lumineux.

7. Joli insecte volant.

8. Jour commémorant une fête civile ou religieuse.

MAi

Jeudi 1er mai

Férié

FÊTE DU TRAVAIL

Vendredi 2 mai

SAmedi 3 mai

DimaNcHe 4 mai

19

MAi

Lundi 5 mai

RENTRÉE ZONE A

Mardi 6 mai

Mercredi 7 mai

VERY IMPORTANT NOTES

MAi

Jeudi 8 mai

Férié

VICTOIRE 1945

Vendredi 9 mai

SAmedi 10 mai

DimaNcHe 11 mai

20

MAi

Lundi 12 mai

Mardi 13 mai

Mercredi 14 mai

VERY IMPORTANT NOTES

MAi

Jeudi 15 mai

Vendredi 16 mai

SAmedi 17 mai

DimaNcRe 18 mai

21

MAi

Lundi 19 mai

Mardi 20 mai

Mercredi 21 mai

VERY IMPORTANT NOTES

MAi

Jeudi 22 mai

Vendredi 23 mai

SAmedi 24 mai

DimaNcHe 25 mai

FÊTE DES MÈRES

MAi

Lundi 26 mai

Mardi 27 mai

Mercredi 28 mai

VERY IMPORTANT NOTES

MAi

Jeudi 29 mai

Férié

ASCENSION

Vendredi 30 mai

SAmedi 31 mai

Juin

Les trucs giga importants ce mois-ci :

SAMEDI	DIMANCHE	LUNDI
31	1er	2
7	8	9
14	15	16
21	22	23
28	29	30

MARDI	MERCREDI	JEUDI	VENDREDI
3	4	5	6
10	11	12	13
17	18	19	20
24	25	26	27
1er	2	3	4

PLAYLIST POUR GAMBADER DANS LES CHAMPS

Knowing me, Knowing you, de ABBA · *Locked out of Heaven*, de BRUNO MARS · *I Don't Feel Like Dancin'*, de SCISSOR SISTERS · *Mr.Brightside*, de THE KILLERS

And one fairy night, May became june.

F. Scott Fitzgerald

Dimanche 1er juin

23

JUIN

Lundi 2 juin

Mardi 3 juin

Mercredi 4 juin

VERY IMPORTANT NOTES

JUIN

Jeudi 5 juin

Vendredi 6 juin

Samedi 7 juin

Dimanche 8 juin

PENTECÔTE

JUIN

Lundi 9 juin

LUNDI DE PENTECÔTE

Mardi 10 juin

Mercredi 11 juin

VERY IMPORTANT NOTES

JUIN

Jeudi 12 juin

Vendredi 13 juin

SAmedi 14 juin

DimaNche 15 juin

FÊTE DES PÈRES

JUIN

Lundi 16 juin

Mardi 17 juin

Mercredi 18 juin

VERY IMPORTANT NOTES

JUIN

Jeudi 19 juin

Vendredi 20 juin

Samedi 21 juin

C'EST L'ÉTÉ !
FÊTE DE LA MUSIQUE

Dimanche 22 juin

JUIN

Lundi 23 juin

Mardi 24 juin

Mercredi 25 juin

VERY IMPORTANT NOTES

JUIN

Jeudi 26 juin

Vendredi 27 juin

SAmedi 28 juin

DimaNChe 29 juin

JUIN

Lundi 30 juin

Les choses à ralentir cet été

Juillet

Les trucs giga importants ce mois-ci :

SAMEDI	DIMANCHE	LUNDI
28	29	30
5	6	7
12	13	14
19	20	21
26	27	28

MARDI	MERCREDI	JEUDI	VENDREDI
1er	2	3	4
8	9	10	11
15	16	17	18
22	23	24	25
29	30	31	1er

PLAYLIST POUR LES FEUX DE JOIE

Firework, de KATY PERRY · Lovefool, de THE CARDIGANS · Walking On Sunshine, de KATRINA AND THE WAVES · Fuck You, de CEE LO GREEN · Ho Hey, de THE LUMINEERS

27

JUILLET

Mardi 1er juillet

Mercredi 2 juillet

VERY IMPORTANT NOTES

JUILLET

Jeudi 3 juillet

Vendredi 4 juillet

Samedi 5 juillet

DÉBUT DES VACANCES D'ÉTÉ

Dimanche 6 juillet

JUILLET

Lundi 7 juillet

Mardi 8 juillet

Mercredi 9 juillet

VERY IMPORTANT NOTES

JUILLET

Jeudi 10 juillet

Vendredi 11 juillet

Samedi 12 juillet

Dimanche 13 juillet

JUILLET

Lundi 14 juillet

Férié

FÊTE NATIONALE

Mardi 15 juillet

Mercredi 16 juillet

VERY IMPORTANT NOTES

JUILLET

Jeudi 17 juillet

Vendredi 18 juillet

Samedi 19 juillet

Dimanche 20 juillet

JUILLET

Lundi 21 juillet

Mardi 22 juillet

Mercredi 23 juillet

VERY IMPORTANT NOTES

JUILLET

Jeudi 24 juillet

Vendredi 25 juillet

Samedi 26 juillet

Dimanche 27 juillet

JUILLET

Lundi 28 juillet

Mardi 29 juillet

Mercredi 30 juillet

VERY IMPORTANT NOTES

JUILLET

Jeudi 31 juillet

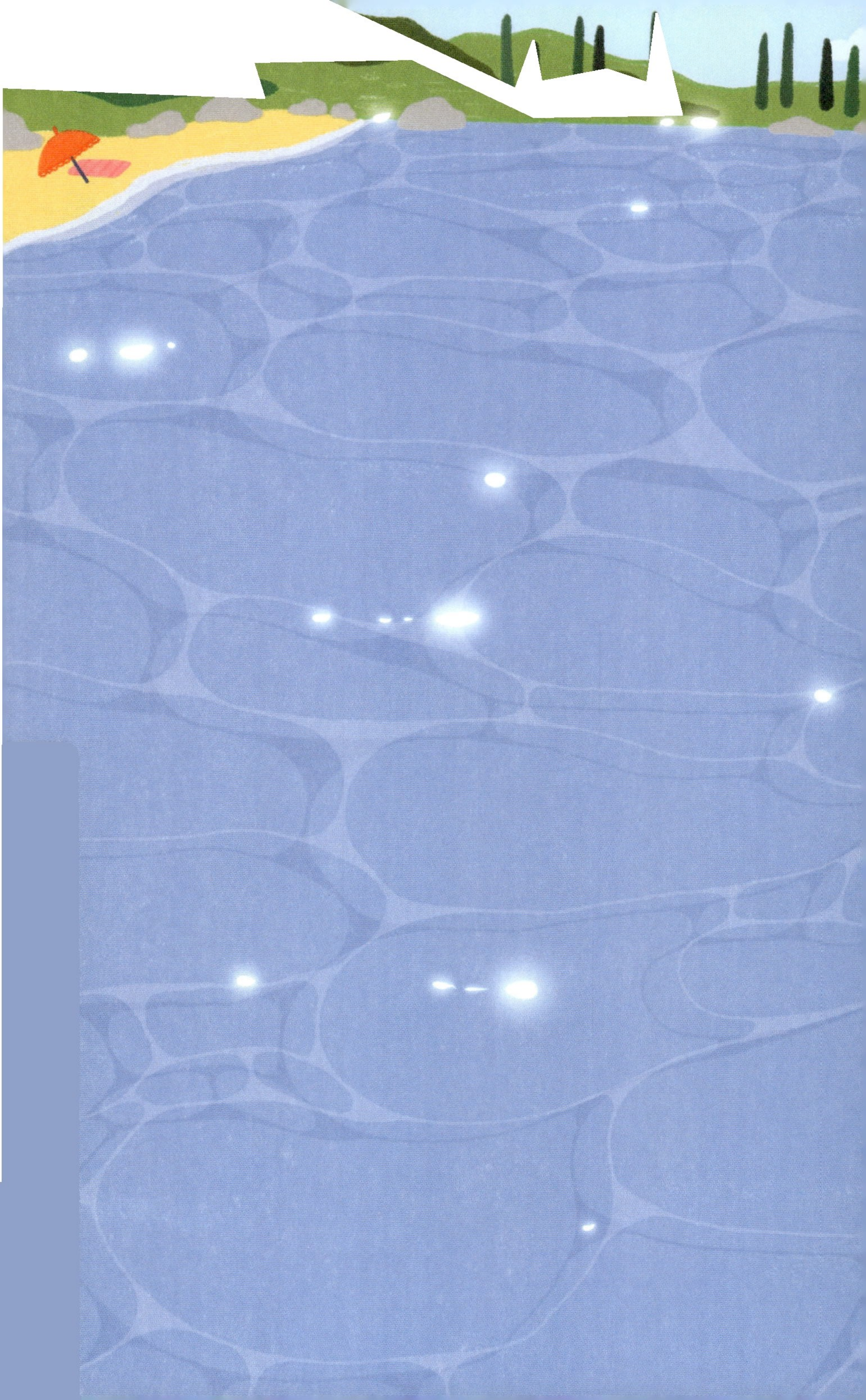

Août
AOÛ

Les trucs giga importants ce mois-ci :

SAMEDI	DIMANCHE	LUNDI
26	27	28
2	3	4
9	10	11
16	17	18
23	24	25
30	31	1er

MARDI	MERCREDI	JEUDI	VENDREDI
29	30	31	1er
5	6	7	8
12	13	14	15
19	20	21	22
26	27	28	29

PLAYLIST POUR LES BAINS DE MINUIT

Outro, de M83 · Yellow, de COLDPLAY · Two Weeks, de GRIZZLY BEAR · My Love Mine All Mine, de MITSKI · The Funeral, de BAND OF HORSES

RELIE LES PETITS POINTS POUR TE DÉSALTÉRER

31

AOÛT

Vendredi 1er août

Samedi 2 août

Dimanche 3 août

AOÛT

Lundi 4 août

Mardi 5 août

Mercredi 6 août

VERY IMPORTANT NOTES

AOÛT

Jeudi 7 août

Vendredi 8 août

Samedi 9 août

Dimanche 10 août

AOÛT

Lundi 11 août

Mardi 12 août

Mercredi 13 août

VERY IMPORTANT NOTES

AOÛT

Jeudi 14 août

Vendredi 15 août

Férié

ASSOMPTION

Samedi 16 août

Dimanche 17 août

AOÛT

Lundi 18 août

Mardi 19 août

Mercredi 20 août

VERY IMPORTANT NOTES

AOÛT

Jeudi 21 août

Vendredi 22 août

Samedi 23 août

Dimanche 24 août

AOÛT

Lundi 25 août

Mardi 26 août

Mercredi 27 août

VERY IMPORTANT NOTES

AOÛT

Jeudi 28 août

Vendredi 29 août

Samedi 30 août

Dimanche 31 août

Et moi?
je peux goûter?

Vins
au verre

Septembre
Omelettes
Salades
Crêpes
HA
HA HA!

Les trucs giga importants ce mois ci :

SAMEDI	DIMANCHE	LUNDI
30	31	1er
6	7	8
13	14	15
20	21	22
27	28	29

MARDI	MERCREDI	JEUDI	VENDREDI
2	3	4	5
9	10	11	12
16	17	18	19
23	24	25	26
30	1er	2	3

PLAYLIST POUR UNE RENTRÉE RÉUSSIE

September, de EARTH, WIND & FIRE · *Runaways,* de THE KILLERS · *Hey You,* de PONY PONY RUN RUN · *Take on Me,* de a-ha · *Elenore,* de THE TURTLES

36

SEPTEMBRE

Lundi 1er septembre

RENTRÉE SCOLAIRE

Mardi 2 septembre

Mercredi 3 septembre

VERY IMPORTANT NOTES

SEPTEMBRE

Jeudi 4 septembre

Vendredi 5 septembre

Samedi 6 septembre

Dimanche 7 septembre

SEPTEMBRE

Lundi 8 septembre

Mardi 9 septembre

Mercredi 10 septembre

VERY IMPORTANT NOTES

SEPTEMBRE

Jeudi 11 septembre

Vendredi 12 septembre

Samedi 13 septembre

Dimanche 14 septembre

SEPTEMBRE

Lundi 15 septembre

Mardi 16 septembre

Mercredi 17 septembre

VERY IMPORTANT NOTES

SEPTEMBRE

Jeudi 18 septembre

Vendredi 19 septembre

Samedi 20 septembre

Dimanche 21 septembre

C'EST
L'AUTOMNE !!!

39

SEPTEMBRE

Lundi 22 septembre

Mardi 23 septembre

Mercredi 24 septembre

VERY IMPORTANT NOTES

SEPTEMBRE

Jeudi 25 septembre

Vendredi 26 septembre

Samedi 27 septembre

Dimanche 28 septembre

SEPTEMBRE

Lundi 29 septembre

Mardi 30 septembre

ALORS, CETTE RENTRÉE ?

Mes moments de joie

Ce que j'aimerais améliorer

Une chose que j'ai apprise

Un·e artiste que j'ai aimé·e

On fait quoi le mois prochain ?

Octobre
OCT

Les trucs giga importants ce mois-ci :

SAMEDI	DIMANCHE	LUNDI
27	28	29
4	5	6
11	12	13
18	19	20
25	26	27

MARDI	MERCREDI	JEUDI	VENDREDI
30	1er	2	3
7	8	9	10
14	15	16	17
21	22	23	24
28	29	30	31

PLAYLIST POUR JOUER À SE FAIRE PEUR

This is Halloween, de DANNY ELFMAN · *Ghostbusters*, de RAY PARKER JR. · *Stranger Things*, de KYLE DIXON & MICHAEL STEIN · *Zombie*, de THE CRANBERRIES

OCTOBRE

Mercredi 1er octobre

VERY IMPORTANT NOTES

OCTOBRE

Jeudi 2 octobre

Vendredi 3 octobre

Samedi 4 octobre

Dimanche 5 octobre

OCTOBRE

Lundi 6 octobre

Mardi 7 octobre

Mercredi 8 octobre

VERY IMPORTANT NOTES

OCTOBRE

Jeudi 9 octobre

Vendredi 10 octobre

Samedi 11 octobre

Dimanche 12 octobre

42

OCTOBRE

Lundi 13 octobre

Mardi 14 octobre

Mercredi 15 octobre

VERY IMPORTANT NOTES

OCTOBRE

Jeudi 16 octobre

Vendredi 17 octobre

Samedi 18 octobre

VACANCES DE LA TOUSSAINT

Dimanche 19 octobre

43

OCTOBRE

Lundi 20 octobre

Mardi 21 octobre

Mercredi 22 octobre

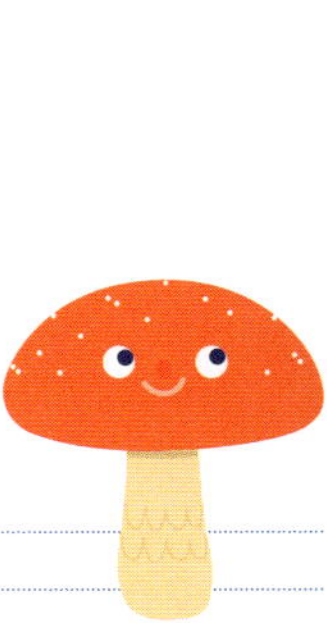

VERY IMPORTANT NOTES

OCTOBRE

Jeudi 23 octobre

Vendredi 24 octobre

Samedi 25 octobre

Dimanche 26 octobre

-1h !

ON CHANGE D'HEURE !

OCTOBRE

Lundi 27 octobre

Mardi 28 octobre

Mercredi 29 octobre

VERY IMPORTANT NOTES

OCTOBRE

Jeudi 30 octobre

Vendredi 31 octobre

HALLOWEEN

Novembre
1
NOV

Les **trucs giga** importants ce mois-ci :

SAMEDI	DIMANCHE	LUNDI
1er	2	3
8	9	10
15	16	17
22	23	24
29	30	1er

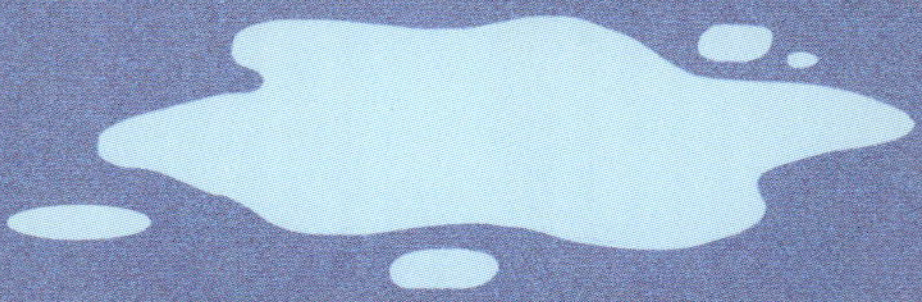

MARDI	MERCREDI	JEUDI	VENDREDI
4	5	6	7
11	12	13	14
18	19	20	21
25	26	27	28

PLAYLIST POUR LES JOURS DE PLUIE

Give A Little Bit, de SUPERTRAMP · Σ. MOROSE, de DAMSO · Hometown Girl, de ZHU · Street Lights, de KANYE WEST · DJ, de Diam's · Lilly, de Pink Martini

44

EN ATTENDANT L'HIVER

C	F	B	A	X	P	N	G	C	Z	F	J	X	X	C
E	S	G	O	A	O	C	E	K	F	L	X	O	R	O
R	N	H	R	C	Q	T	A	H	Y	F	L	J	X	Z
B	L	M	M	E	R	E	Z	R	C	D	Q	C	P	J
M	S	E	O	W	N	R	J	P	H	U	Q	X	L	D
E	A	C	N	T	Y	O	H	A	O	U	R	C	A	C
V	I	H	E	B	U	F	U	W	C	H	L	O	I	P
O	C	A	M	T	N	A	M	I	O	A	G	S	D	I
N	D	R	Q	K	C	Q	D	V	L	J	K	W	Z	B
K	J	P	Q	E	A	E	V	R	A	L	Y	I	Y	Z
O	O	E	X	F	V	D	G	D	T	N	E	E	C	H
H	G	S	Z	Y	P	O	T	I	M	A	R	R	O	N
C	I	Z	Z	D	J	B	E	F	F	G	O	G	H	A
C	O	R	E	P	O	N	E	I	H	C	S	C	T	X
D	Z	U	N	P	Z	L	O	T	U	C	L	F	L	E
R	F	I	Z	V	L	E	U	Q	A	L	F	G	S	A
G	W	D	D	I	P	K	W	C	U	E	P	Y	C	M
H	X	E	U	F	S	O	U	P	E	U	K	I	U	D
H	V	E	Q	Q	Q	E	I	U	L	P	A	R	A	P
C	F	Z	Z	K	N	E	G	E	H	I	B	B	Z	N

AUTOMNE
CHOCOLAT
ÉCHARPE
FEUILLE

FLAQUE
FORÊT
GRENOUILLE
NOVEMBRE

PLAID
SOUPE
PARAPLUIE
POTIMARRON

NOVEMBRE

Samedi 1er novembre

TOUSSAINT

Dimanche 2 novembre

45

NOVEMBRE

Lundi 3 novembre

RENTRÉE
DES VACANCES DE LA TOUSSAINT

Mardi 4 novembre

Mercredi 5 novembre

VERY IMPORTANT NOTES

NOVEMBRE

Jeudi 6 novembre

Vendredi 7 novembre

SAmedi 8 novembre

Dimanche 9 novembre

46

NOVEMBRE

Lundi 10 novembre

Mardi 11 novembre

Férié

ARMISTICE 1918

Mercredi 12 novembre

VERY IMPORTANT NOTES

NOVEMBRE

Jeudi 13 novembre

Vendredi 14 novembre

SAmedi 15 novembre

Dimanche 16 novembre

NOVEMBRE

Lundi 17 novembre

Mardi 18 novembre

Mercredi 19 novembre

VERY IMPORTANT NOTES

NOVEMBRE

Jeudi 20 novembre

Vendredi 21 novembre

SAmedi 22 novembre

Dimanche 23 novembre

NOVEMBRE

Lundi 24 novembre

Mardi 25 novembre

Mercredi 26 novembre

VERY IMPORTANT NOTES

NOVEMBRE

Jeudi 27 novembre

Vendredi 28 novembre

Samedi 29 novembre

Dimanche 30 novembre

Décembre

DÉC

Les **trucs giga** importants ce mois-ci :

SAMEDI	DIMANCHE	LUNDI
29	30	1er
6	7	8
13	14	15
20	21	22
27	28	29

MARDI	MERCREDI	JEUDI	VENDREDI
2	3	4	5
9	10	11	12
16	17	18	19
23	24	25	26
30	31	1er	2

PLAYLIST POUR DES FÊTES TOUTES DOUCES

I'm Sorry, de BRENDA LEE · My Girl, de OTIS REDDING · Run Rudolph Run, de CHUCK BERRY · Douce Nuit, de -M- & MICHEL LEGRAND · Roslyn, de BON IVER & ST. VINCENT

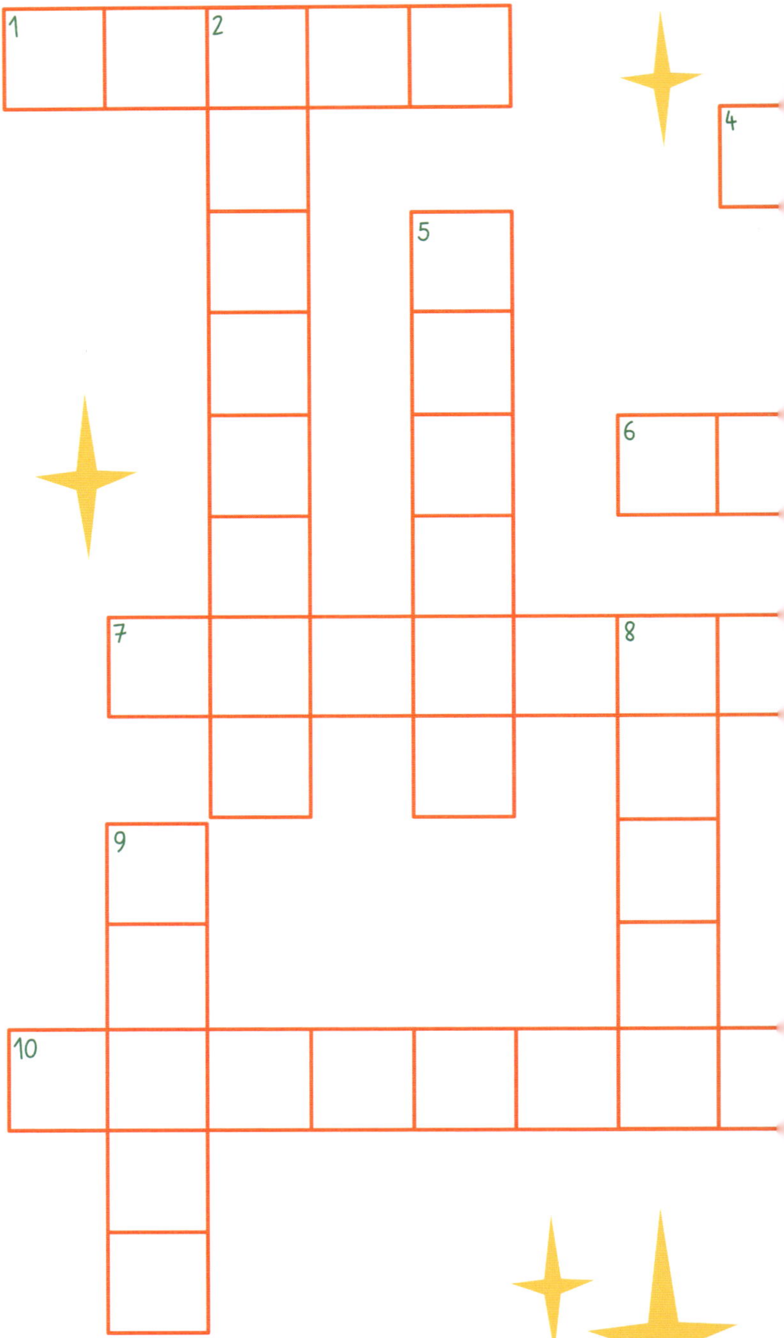
1
2
4
5
6
7
8
9
10

LE CHRISTMAS MOTS CROISÉS

1. Le dessert de Noël, elle peut être glacée ou au chocolat.

2. Blanc, noir ou au lait.

3. Master des cadeaux, big boss de Noël.

4. IL y en a si on a été bien sage toute l'année.

5. On l'allume pour illuminer la maison et profiter de son odeur.

6. L'arbre emblématique de Noël.

7. Contient un pétard (ou une devinette nulle).

8. L' acolyte du Père Noël.

9. Ronde, elle s'accroche dans le sapin.

10. Touffue ou lumineuse, elle s'enroule autour du sapin.

49

DÉCEMBRE

Lundi 1er décembre

Mardi 2 décembre

Mercredi 3 décembre

VERY IMPORTANT NOTES

DÉCEMBRE

Jeudi 4 décembre

Vendredi 5 décembre

Samedi 6 décembre

Dimanche 7 décembre

DÉCEMBRE

Lundi 8 décembre

Mardi 9 décembre

Mercredi 10 décembre

VERY IMPORTANT NOTES

DÉCEMBRE

Jeudi 11 décembre

Vendredi 12 décembre

Samedi 13 décembre

Dimanche 14 décembre

51

DÉCEMBRE

Lundi 15 décembre

Mardi 16 décembre

Mercredi 17 décembre

VERY IMPORTANT NOTES

DÉCEMBRE

Jeudi 18 décembre

Vendredi 19 décembre

Samedi 20 décembre

Dimanche 21 décembre

VACANCES DE NOËL

C'EST L'HIVER !

52

DÉCEMBRE

Lundi 22 décembre

Mardi 23 décembre

Mercredi 24 décembre

RÉVEILLON DE NOËL

VERY IMPORTANT NOTES

DÉCEMBRE

Jeudi 25 décembre

Férié

C'EST NOËËËËL !

Vendredi 26 décembre

Samedi 27 décembre

Dimanche 28 décembre

1

DÉCEMBRE

Lundi 29 décembre

Mardi 30 décembre

Mercredi 31 décembre

RÉVEILLON DU JOUR DE L'AN

VERY IMPORTANT NOTES

Annexes

LA FÊTE DES FLEURS

F	T	Z	D	K	Z	V	R	U	E	K	M	X	C	C
E	V	G	I	R	S	K	O	P	U	E	U	C	B	R
J	C	O	T	U	E	S	S	I	C	R	A	N	U	B
T	Z	V	L	Q	B	I	E	S	M	Q	C	M	J	H
O	J	M	I	M	O	S	A	X	S	X	N	Z	H	V
F	J	V	Y	C	L	E	P	I	L	U	T	L	W	H
A	C	L	E	L	U	N	A	P	M	A	C	W	I	J
O	L	C	R	G	E	L	L	I	U	Q	N	O	J	A
J	M	B	Q	B	K	T	B	C	T	O	L	X	I	F
G	T	Q	Y	A	P	J	K	E	E	S	I	E	I	A
Z	O	A	N	E	M	O	N	E	J	O	L	R	W	I
Y	G	V	X	U	B	C	P	Y	J	I	A	E	T	V
E	N	H	P	A	D	A	L	Z	E	Q	S	V	I	E
I	Z	P	E	R	V	E	N	C	H	E	H	E	X	N
Q	S	M	D	P	T	M	I	G	Q	L	G	M	J	I
Y	U	M	A	G	N	O	L	I	A	D	B	I	V	O
K	C	K	A	O	X	W	M	X	K	O	Q	R	M	V
T	O	C	I	L	E	U	Q	O	C	X	W	P	M	I
D	R	A	F	S	B	B	D	K	W	H	E	E	V	P
M	C	O	L	N	S	W	Q	H	C	D	V	A	P	T

ANÉMONE
COQUELICOT
CROCUS
DAPHNÉ
JONQUILLE
LILAS
MAGNOLIA
MIMOSA
NARCISSE
PERVENCHE
PIVOINE
PRIMEVÈRE
ROSE
TULIPE

LE JOLI MOIS DE MAI

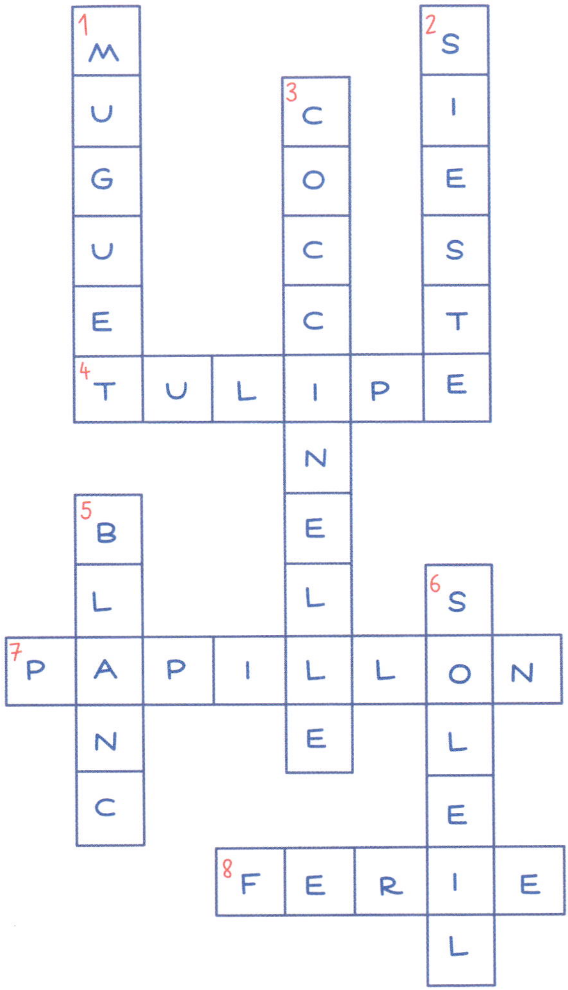

1. Petite grappe de clochettes odorantes.

2. Le sommeil de l'après-midi.

3. Bête à Bon Dieu.

4. Plante à longue tige couronnée d'une belle fleur pointue.

5. Couleur de la paix.

6. Astre lumineux.

7. Joli insecte volant.

8. Jour commémorant une fête civile ou religieuse.

EN ATTENDANT L'HIVER

C	F	B	A	X	P	N	G	C	Z	F	J	X	X	C
E	S	G	O	A	O	C	E	K	F	L	X	O	R	O
R	N	H	R	C	Q	T	A	H	Y	F	L	J	X	Z
B	L	M	M	E	R	E	Z	R	C	D	Q	C	P	J
M	S	E	O	W	N	R	J	P	H	U	Q	X	L	D
E	A	C	N	T	Y	O	H	A	O	U	R	C	A	C
V	I	H	E	B	U	F	U	W	C	H	L	O	I	P
O	C	A	M	T	N	A	M	I	O	A	G	S	D	I
N	D	R	Q	K	C	Q	D	V	L	J	K	W	Z	B
K	J	P	Q	E	A	E	V	R	A	L	Y	I	Y	Z
O	O	E	X	F	V	D	G	D	T	N	E	E	C	H
H	G	S	Z	Y	P	O	T	I	M	A	R	R	O	N
C	I	Z	Z	D	J	B	E	F	F	G	O	G	H	A
C	O	R	E	P	O	N	E	I	H	C	S	C	T	X
D	Z	U	N	P	Z	L	O	T	U	C	L	F	L	E
R	F	I	Z	V	L	E	U	Q	A	L	F	G	S	A
G	W	D	D	I	P	K	W	C	U	E	P	Y	C	M
H	X	E	U	F	S	O	U	P	E	U	K	I	U	D
H	V	E	Q	Q	Q	E	I	U	L	P	A	R	A	P
C	F	Z	Z	K	N	E	G	E	H	I	B	B	Z	N

AUTOMNE
CHOCOLAT
ÉCHARPE
FEUILLE

FLAQUE
FORÊT
GRENOUILLE
NOVEMBRE

PLAID
SOUPE
PARAPLUIE
POTIMARRON

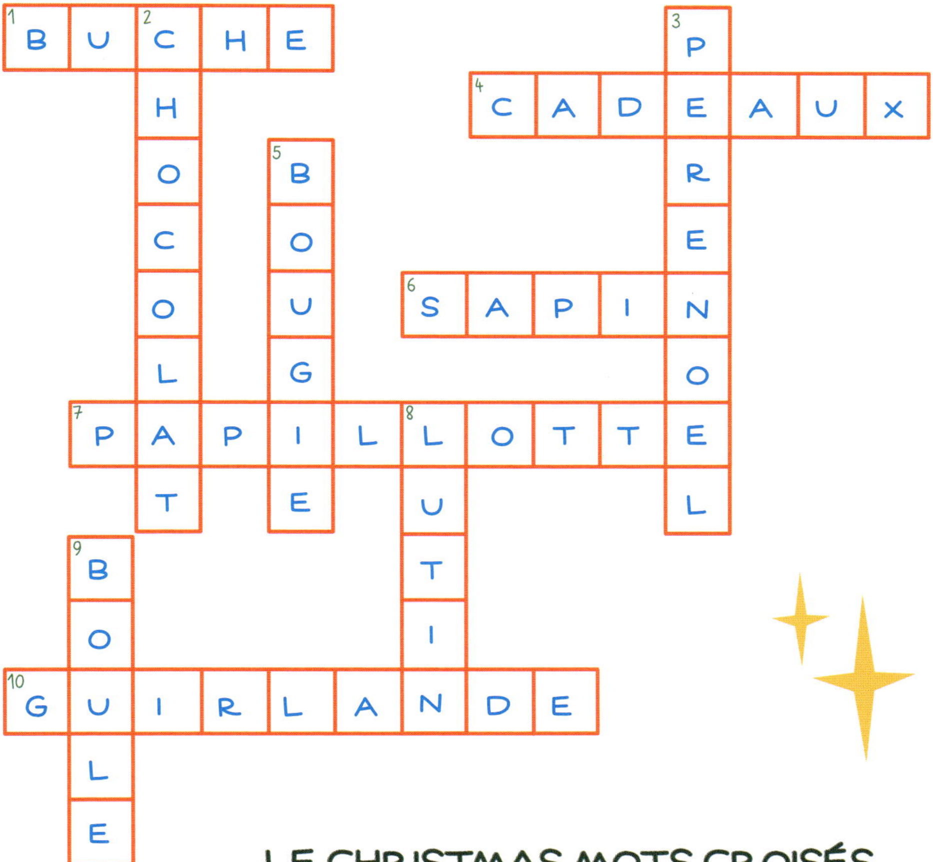

LE CHRISTMAS MOTS CROISÉS

1. Le dessert de Noël, elle peut être glacée ou au chocolat.

2. Blanc, noir ou au lait.

3. Master des cadeaux, big boss de Noël.

4. Il y en a si on a été bien sage toute l'année.

5. On l'allume pour illuminer la maison et profiter de son odeur.

6. L'arbre emblématique de Noël.

7. Contient un pétard (ou une devinette nulle).

8. L'acolyte du Père Noël.

9. Ronde, elle s'accroche dans le sapin.

10. Touffue ou lumineuse, elle s'enroule autour du sapin.

2026

JANVIER

L	M	M	J	V	S	D
			1	2	3	4
5	6	7	8	9	10	11
12	13	14	15	16	17	18
19	20	21	22	23	24	25
26	27	28	29	30	31	

FÉVRIER

L	M	M	J	V	S	D
						1
2	3	4	5	6	7	8
9	10	11	12	13	14	15
16	17	18	19	20	21	22
23	24	25	26	27	28	

MARS

L	M	M	J	V	S	D
						1
2	3	4	5	6	7	8
9	10	11	12	13	14	15
16	17	18	19	20	21	22
23	24	25	26	27	28	29
30	31					

AVRIL

L	M	M	J	V	S	D
		1	2	3	4	5
6	7	8	9	10	11	12
13	14	15	16	17	18	19
20	21	22	23	24	25	26
27	28	29	30			

MAI

L	M	M	J	V	S	D
				1	2	3
4	5	6	7	8	9	10
11	12	13	14	15	16	17
18	19	20	21	22	23	24
25	26	27	28	29	30	31

JUIN

L	M	M	J	V	S	D
1	2	3	4	5	6	7
8	9	10	11	12	13	14
15	16	17	18	19	20	21
22	23	24	25	26	27	28
29	30					

2026

JUILLET

L	M	M	J	V	S	D
		1	2	3	4	5
6	7	8	9	10	11	12
13	14	15	16	17	18	19
20	21	22	23	24	25	26
27	28	29	30	31		

AOÛT

L	M	M	J	V	S	D
					1	2
3	4	5	6	7	8	9
10	11	12	13	14	15	16
17	18	19	20	21	22	23
24	25	26	27	28	29	30
31						

SEPTEMBRE

L	M	M	J	V	S	D
	1	2	3	4	5	6
7	8	9	10	11	12	13
14	15	16	17	18	19	20
21	22	23	24	25	26	27
28	29	30				

OCTOBRE

L	M	M	J	V	S	D
			1	2	3	4
5	6	7	8	9	10	11
12	13	14	15	16	17	18
19	20	21	22	23	24	25
26	27	28	29	30	31	

NOVEMBRE

L	M	M	J	V	S	D
						1
2	3	4	5	6	7	8
9	10	11	12	13	14	15
16	17	18	19	20	21	22
23	24	25	26	27	28	29
30						

DÉCEMBRE

L	M	M	J	V	S	D
	1	2	3	4	5	6
7	8	9	10	11	12	13
14	15	16	17	18	19	20
21	22	23	24	25	26	27
28	29	30	31			

LES ZANNIVERSAIRES IMPORTANTS

JANVIER

FÉVRIER

MARS

AVRIL

MAI

JUIN

IDÉES CADEAUX

(À remplir toute l'aNNée pour éviter les paNNes d'idées)

JUILLET

AOÛT

SEPTEMBRE

OCTOBRE

NOVEMBRE

DÉCEMBRE

Et voilà ! Le Gigagenda touche à sa fin !

Bravo si vous l'avez terminé ! Bravo aussi, si vous avez utilisé seulement un jour, en tout cas j'espère qu'il a pu vous accompagner et mettre un peu d'ordre dans votre tête. Et puis au pire, vous avez un tas de stickers à coller partout et ça, c'est quand même vraiment sympa.

Ce giga projet n'aurait pas pu se faire sans ma géniale Fanny, qui m'a fait confiance dans la création de ce gros bébé plein de couleurs, merci, tu es la best des bests, en mars comme en novembre.

Cet objet m'a été inspiré par mon amour de la papeterie. De mon premier agenda en sixième dont j'avais redessiné la couverture, aux planners qu'on trouve depuis quelques années mais qui étaient trop gros pour rentrer dans mes mini sacs, j'ai essayé de créer l'agenda parfait à mes humbles yeux.

Merci à mon amoureux, qui m'a soutenue dans ce beau et gros projet qui m'a fait m'arracher les cheveux certains moments où je voyais double. Enfin, juste merci d'être là mais je sais qu'il y a peu de chance qu'il lise ces mots, car lui, l'agenda, c'est surtout dans sa tête.

Et surtout, merci à ma communauté adorée. C'est quand même dingue de créer des objets pour des gens qui aiment notre travail et le soutienne depuis des années. Je trouve ça fou et je me répète, mais quand même, c'est juste zinzin tout cet amour et tout ce soutien.

Finalement, ça crée vraiment du lien entre les gens.

Alors merci à chaque personne qui tiendra cet agenda entre ses mains, vous faites vivre mon rêve un peu plus tous les jours.